AF343153

Du 22. may 1781.

MÉMOIRE

Sur la forme des preuves nécessaires pour être reçu Sous-lieutenant dans les régimens d'Infanterie françoise, de Cavalerie, de Chevaux-légers, de Dragons & de Chasseurs à cheval.

LE ROI ayant réglé dans ses dispositions arrêtées le 22 mai 1781, que tous ceux qui seroient proposés pour être nommés à ces places, seroient tenus de prouver au moins quatre degrés de Noblesse paternelle, y compris le produisant, à l'instar des Élèves de l'École Royale-militaire;

Pour y satisfaire, ceux qui seront désignés par les Mestres-de-camp-commandans des régimens auxquels ils seront destinés, produiront:

1.º Leurs extraits baptistères, délivrés sur papier timbré, & légalisés, s'ils sont nés en province:

2.º Les contrats de mariage de leurs pères, aïeux & bisaïeux, prouvant filiation & qualification caractéristique de Noblesse dans les lieux où ils seront passés, c'est-à-dire celles de *Chevalier* & d'*Écuyer*, qui le sont dans tout le royaume; celle de *Noble* dans les provinces de Flandre, Haynault, Artois, Franche-comté, Lyonnois, Dauphiné, Provence, Languedoc & Roussillon, & dans les ressorts des Parlemens de Toulouse, de Bordeaux & de Pau; & celle de *Noble-homme*, en Normandie seulement:

3.º Deux actes civils à l'appui de chacun de ces contrats, portant aussi tous deux pareille qualification, & l'un des deux, au moins, prouvant filiation; c'est-à-dire que chacun des degrés de leurs pères, aïeux & bisaïeux, sera prouvé par trois actes: les actes civils, ainsi nommés, pour les distinguer de ceux d'église (qui sont les extraits de baptême, de mariage & de mort, qu'on n'admet point en preuves

de Noblesse, mais de filiation seulement) sont les création de tutelle
& de curatelle, Gardes-nobles, partages, transactions, hommages,
aveus, dénombremens de fiefs, ventes, échanges, testamens, inventaires
après décès, procès-verbaux de preuves de Noblesse pour des ordres
de Chevalerie & Chapitres nobles, &c. Et dans le cas où il n'y
auroit pas eu de contrat de mariage, un autre acte de l'espèce qu'on
vient de désigner, passé par le mari & la femme qui n'ont point
fait de contrat:

4.º Les arrêts, soit du Conseil d'État, soit des Commissaires
généraux du Conseil; & les jugemens ou ordonnances des Commissaires départis dans les généralités du royaume pour la recherche des
usurpateurs de noblesse, commencée en 1666, interrompue en 1674,
& continuée en 1696 & années suivantes; lesquels arrêts & jugemens
ont maintenu leurs familles dans leur noblesse.

Ceux dont les familles ont été anoblies aux degrés de leurs bisaïeux,
ou à ceux au-dessus, par Lettres ou par l'exercice de charges attributives de
noblesse, & qui n'ont point obtenu d'arrêts ni de jugemens qui les aient
maintenus, produiront ces Lettres & les provisions de ces charges, ensemble
les actes qui en prouveront l'exercice pendant les termes prescrits par les
Ordonnances, ou les Lettres d'honneur; & se conformeront pour le reste,
à ce qui est rapporté ci-devant.

Il sera convenable pour la décoration des preuves, de joindre à ces divers
actes, les Lettres, Commissions & Brevets des grades militaires, les Lettres
de nomination à l'Ordre de Saint-Louis, les certificats de reception dans
cet Ordre, les brevets de pension, ou les Lettres portant expectative de
ces grâces, les provisions de charges, &c.

5.º Des extraits des rôles des Tailles ou autres Impositions roturières
des paroisses des domiciles de leurs familles, dans lesquelles elles
seront comprises depuis trente ans, aux chapitres des Exemptés
comme Nobles;

6.º Enfin l'inventaire de tous ces actes par ordre de date.

Tous ces actes doivent être originaux, & on n'admettra
aucune copie de quelque formalité qu'elle puisse être
revêtue.

On nomme actes originaux; savoir, pour ceux passés
devant Notaires, les premières grosses délivrées sur les

minutes par ceux même qui les auront reçues; & pour les procès-verbaux de preuves de Nobleſſe, les arrêts & jugemens de Nobleſſe, les lettres, commiſſions & brevets de grades militaires, nominations & réceptions dans l'Ordre de Saint-Louis, brevets & lettres de penſion & proviſions de charge, les expéditions délivrées par les Greffiers & autres perſonnes publiques à ce prépoſées.

Tous ces divers actes ſeront envoyés au Miniſtre de la Guerre, ſous une double enveloppe, dont la ſeconde ſera à l'adreſſe de M. Cherin, Généalogiſte & Hiſtoriographe des Ordres du Roi, que Sa Majeſté a nommé pour certifier leſdites preuves, & qui les renverra aux familles avec ſon certificat ſous le contre-ſeing du Miniſtre.

A PARIS,

DE L'IMPRIMERIE ROYALE.

M. DCCLXXXI.

Extrait des Dispositions faites et arrêtées pour le Roy concernant la Nomination aux Emplois d'Officiers Supérieurs, de l'Infanterie françoise et étrangere, de la Cavalerie, des Chevaux legers, des hussards, des Dragons et des Chasseurs à cheval que l'Intention de Sa Majesté est que soient suivies et exécutées en attendant l'ordonnance qu'elle se propose de rendre.

Sa Majesté ayant jugé à propos d'abroger l'article de son reglement du 10 Juillet 1780, qui attribue au premier et plus ancien Capitaine de chaque Régiment le droit de tourner à la Lieutenance Colonelle, se réserve le choix des sujets qui seront nommés aux places de Lieutenant Colonel et de Major, & veut les tirer des troupes indistinctement d'Infanterie, Cavalerie, Chevaux legers, hussards, Dragons et Chasseurs à Cheval.

Nul officier (quelque talent et quelque mérite qu'il ait) ne pourra être proposé à une place de Lieutenant Colonel, soit de l'Infanterie, soit des troupes à Cheval, s'il n'a au rang d'ancienneté d'un tel Corps où il sert, il n'est le premier et le plus ancien Capitaine Commandant, et si à cette époque il ne joint 25 années de service non interrompu. Jamais dans aucun Cas, ni par quelque considération ou motif, que ce soit le premier et le plus ancien Capitaine Commandant ne pourra être proposé à la Lieutenance-Colonelle du même Régiment, mais les Capitaine il ne pourra y entrer par la suite en qualité d'off.er

Supérieur, s'il précédemment n'a été tiré de Ce Corps, pour être Lieutenant Colonel, ou Major, d'un autre Régiment.

Majors pour les Lieutenances Colonelles.

Les Majors Titulaires, qui auront acquis l'ancienneté prescrite de 25 ans de service, seront nommés alternativement avec les premiers Capitaines aux places de Lieutenant Colonel vacantes.

Néanmoins si un Major se trouve, par son ancienneté de Commission de Capitaine, le premier et le plus ancien d'un Régiment, il ne pourra pas, par cette raison, être proposé au tour des Capitaines, le major ne devant avoir droit de prétendre à des Lieutenances Colonelles, qu'en sa qualité de Major, et au Tour des officiers de ce grade.

Lieutenances Colonels dans les Régiments d'Infanterie françoise.

En Conformité des dispositions précédentes les premiers et plus anciens Capitaines et les majors de chacun des soixante dix huit Régiments d'Infanterie françoise (le Régiment d'Infanterie de Sa Majesté) des Treize Régiments de grenadiers Royaux et des treize Régiments provinciaux, rouleront ensemble pour parvenir aux places de Lieutenant Colonel de toute l'Infanterie françoise.

Lieut.ᵗ Colonels des Régiments d'Infanterie irlandoise.

Les premiers et plus anciens Capitaines et les Majors de chacun des trois Régiments d'Infanterie irlandoise, rouleront ensemble pour parvenir aux places de Lieutenant Colonel de ces Régiments.

Lieutenances Colonelles des Regts d'Inf.ᵉ allemandes.

Les premiers et plus anciens Capitaines et les Majors de chacun des huit Régiments d'Infanterie allemande, rouleront ensemble pour parvenir aux places de Lieutenant Colonels de ces Régiments.

Lieutenance Colonelle du Régiment Royal Italien.	Le premier et plus ancien Capitaine et le Major du Régiment Royal Italien, monteront ensemble pour parvenir à la place de Lieutenant Colonel dudit Régiment.
Lieutent. Colonelle des Régts. Corses.	Les premiers et plus anciens Capitaines et les Majors des deux Régiments Royal-Corse et Provincial, monteront ensemble pour parvenir aux places de Lieutenant Colonel desdits Régiments.
Lieut. Colonelle des Régimts. de Cavalerie françoise et des Chevaux-Legers.	Les premiers et plus anciens Capitaines et les Majors de chacun des Régiments de Cavalerie françoise et des Régiments de Chevaux Legers (le Régiment des Carabiniers de Monsieur excepté) monteront ensemble pour parvenir aux places de Lieutenant Colonel de ces Régiments.
Lieut. Colonelle des Régiments d'Hussards.	Les premiers et plus anciens Capitaines et les Majors de chacun des Régimts. d'Hussards y compris celuy du Colonel général (lorsque la levée en aura été ordonnée) monteront ensemble pour parvenir aux places de Lieutenant-Colonel de ces Régiments.
Lieut. Colonelle des Régiments de Dragons et de Chasseurs à Cheval	Les premiers et plus anciens Capitaines et les Majors de chacun des Régiments de Dragons et des Régiments de Chasseurs à cheval (le Régimt. de Schomberg excepté) monteront ensemble pour parvenir aux places de Lieutenant Colonel.
Lieut. Colonelle des Régimts. Royal allemand et de Nassau Saarbruck Cavalerie	Le premier et plus ancien Capitaine et le Major du Régiment Royal allemand, et le premier et plus ancien Capitaine et le Major de cavalerie de Nassau-Saarbruck (lorsque Sa Majesté en aura ordonné la levée) monteront ensemble pour parvenir aux places de Lieutenant-Colonel de ces Régiments.
Lieut. Colonelle du Régiment de Schomberg.	Le premier et plus ancien Capitaine et le Major du Régiment de Schomberg monteront ensemble pour parvenir à la place de Lieutenant-

Colonel de ce Régiment.

Majorités

Les Majors de toutes les troupes à pied et à Cheval, seront choisis parmi les Capitaines Commandants et les Capitaines en second de tous les Régiments de la même arme et de la même Nation, mais sous la réserve qu'aucun Capitaine-Commandant ou Capitaine en second ne pourra être proposé à la Majorité du Régiment où il sert, ni prétendre à une Majorité, s'il n'a pas vingt ans de service effectif révolus dans un Régiment, dont cinq ans de commission de Capitaine.

Le Major d'un Régiment pourra cependant être proposé à la place de Lieutenant Colonel du même Régiment, où il est major, à son tour de Major.

Choix des Officiers

Sa Majesté ne fera le choix de ses Officiers que d'après les propositions des Mestres de Camp Commandants et d'après l'avis des Inspecteurs généraux, qui seront tenus d'attester le mérite et les talents de chaque Major de Régiment, de chaque premier Capitaine commandant de Régiment, qui doivent passer aux Lieutenances Colonelles, et des sujets désignés pour des Majorités.

A chaque revue d'inspection le Mestre de Camp-Commandant remettra à l'Inspecteur général un état motivé et détaillé non seulement des Capitaines du Régiment qu'il commande, qui sont susceptibles d'une Majorité, mais aussy de tous ceux, dont les talents annonceroient qu'ils pourroient le devenir par la suite, afin que d'après le compte que rend cet Inspecteur général au Secrétaire d'État de la guerre, il soit à portée de

Connoître à la fois les officiers à placer dans
l'emploient et ceux dont les dispositions donnent
des Espérances à cet Egard.

Aucun officier ne pourra être proposé à
une place de Mestre de Camp en Second, avant
qu'il ait atteint l'âge de vingt trois ans révolus,
et qu'il ait huit ans de Service actif en qualité de
Lieutenant ou Sous Lieutenant, sans qu'il soit
nécessaire qu'il ait eu, comme précédemment,
le grade de Capitaine.

Mestre de Camp Commandant. Aucun Mestre de Camp en Second ne pourra
être proposé au Commandement en Chef d'un
Régiment, qu'après avoir été Mestre de Camp
en Second pendant six ans en temps de paix.

Si dans aucun Cas, ni par quelque motif
que ce soit, le Mestre de Camp en Second d'un
Régiment ne pourra être proposé pour Mestre
de Camp Commandant de ce même Régiment.

Pour parvenir à une Place de Mestre de
Camp Commandant, de Lieutenant Colonel et
de Major.

Campagne de Guerre Comptée pour deux ans de Service de paix pour parvenir aux emplois Supérieurs. Une Campagne de guerre sera comptée
pour deux ans de Service de Paix.

Mais ce Service ne sera réputé pour Service
de guerre sur terre, que lorsque des Armées
rassemblées seront campées ou cantonnées
en présence de l'Ennemi, sans que les Camps
ou cantonnements formés pour la Sûreté des
Côtes puissent être considérés comme service
de guerre, à moins que ces Camps ou cantonnements
n'eussent été attaqués par l'Ennemi.

Service de Mer Le Service de Mer sera compté comme
à Service de guerre, depuis où les officiers
Embarqués seront Sortis de la Rade, jusqu'à ce que le
Vaisseau sur lequel ils seront embarqués

embarqués sera compté mer.

Service dans les Colonies.

Et le service dans les Colonies, soit en Paix, soit en guerre, sera toujours regardé comme service de guerre.

Pour exciter l'émulation et récompenser les services distingués des officiers supérieurs de ses corps, Sa Majesté se propose de leur, quand elle le jugera utile à son service, ou commandement en chef des régiments, ceux des Lieutenants Colonels de ses troupes qui se rendront dignes de cette grâce, seront tous assujettis à passer par le grade de Mestre de camp en second, les places de Mestre de camp en second étant destinées à la jeune noblesse pour se former au commandement.

Les Lieut[enan]ts Colo[nel]s peuvent espérer des places de Mestre de camp commandant.

Aucun Lieutenant Colonel ni Major ne pourra y être proposé.

Les Lieut[enan]ts Colo[nel]s et les Majors ne pouvant être proposés à des places de Mestre de camp en second.

Les officiers employés dans les États Majors des armées jouiront des mêmes prérogatives que les Lieutenants-Colonels. Ils pourront donc, s'ils le méritent par leur zèle et leurs talents, être proposés au Commandement en chef des régiments, et pour passer par le grade de Mestre de camp en second, s'ils ont l'âge, les services requis, et s'ils ont été employés dans les États Majors des armées pendant six ans de paix, et pendant trois ans de guerre.

Les officiers employés dans les États Majors d'armée peuvent espérer des places de Mestre de camp commandant.

Les places de Mestre de camp des régiments de chevau-légers et de chasseurs à cheval ne seront données dans tous les cas qu'à des Lieutenants Colonels titulaires de cavalerie ou de chevau-légers dans

Les régiments de chevau-légers et de chasseurs à cheval seront donnés aux Lieutenant Col[onel]s titulaires.

Les Régiments de Chevaux légers.

Et des Lieutenants Colonels Titulaires
de Dragons ou de Chasseurs à Cheval dans
les Régiments de Chasseurs à cheval.

Au moyen de ces dispositions, il ne sera
accordé à l'avenir aucune Commission, Lettres
ni Brevet pour donner des rangs, sans Voir
l'Officier ou titre, hors les Cas cy après exceptés.

Si le premier et le plus Ancien Capitaine
Commandant d'un Régiment d'Infanterie ou
de Troupes à Cheval, n'avait pas en place en
qualité de Lieutenant Colonel, ou en celle de
Major, cinq ans après qu'il sera parvenu
au rang de premier Capitaine Commandant,
le Brevet de Major lui sera accordé, et la
Retraite de ce grade, cinq ans après qu'il aura
obtenu le brevet de Major.

Les Cinq ans seront réduits à quatre, le
tems de guerre, pour les premiers et les
Anciens Capitaines Commandans des Régim.ts
employés dans les armées ou qui auront fait
une Campagne.

À Trois ans, s'ils en ont fait deux, et à
deux ans, s'ils ont fait trois Campagnes,
mais Jamais à moindre Nombre, quand même
ils auraient fait plus de trois Campagnes.

Le premier et plus Ancien Lieutenant de
Chaque Régim.t d'Infanterie, qui sera parvenu
par les grades, Comme de Bas officier et de Soldat
et qui aura trois ans de Service en qualité de
premier et plus Ancien Lieutenant, obtiendra la
Commission de Capitaine, sans cependant que
par cette Raison, il puisse prétendre aux appointem.ts
de Capitaine. Le Service, il aurait dû faire le
Service, mais lors de sa Retraite, il obtiendra Cette

attribuées aux Capitaines en Second, et à trois
ans d'ancienneté de Commission de Capitaine en
temps de paix, et après deux ans, si le Régiment
dans lequel il sera est employé aux armées, et
fait Campagne.

Jusqu'à ce que les Circonstances permettent
de faire revenir aux places de Capitaine en Second
Vacantes (dans l'ordre de leur ancienneté), les
Lieutenants des troupes à Cheval, qui pourront
Composer ou prix de Compagnie, le premier et plus
ancien Lieutenant de chaque Régiment de Cavalerie,
de Chevaux legers, de hussards, Dragons et Chasseurs
à Cheval, jouira des mêmes avantages que Sa
Majesté attribuë aux Lieutenants dans l'Infanterie,
et Sous les mêmes Conditions Ci reserver.

Mais Si pendant toute les Circonstances
permettent de faire passer à leur rang, aux places
de Capitaine en Second, les Lieutenants des troupes
à Cheval, la Commission de Capitaine ne Sera plus
accordée au premier et plus ancien Lieutenant de
chaque desdits Régiments qui dans le cas ou par
défaut de faculté ou de Volonté, il ne pourroit ou ne
Voudroit pas payer le prix d'une Compagnie, et qui
par les il reviendroit au droit de passer au places de
Capitaine en Second, il Conservera Cependant les
prérogatives d'Etre Susceptible de la retraite de
Capitaine en Second, après trois ans d'ancienneté
de Commission de Capitaine en temps de paix,
et après deux ans, si le Régiment ou il sera,
fait Campagne.

Signé Ségur.

Du 1ᵉʳ Juin 1781.

Extrait des dispositions faites et arrêtées par le Roy sur les places de Chevaliers de l'ordre Royal et Militaire de St Louis

Que l'intention de Sa Majesté est qu'elles soient suivies et exécutées dès à présent, en attendant l'Edit qu'elle se propose de donner, concernant ledit Ordre de St Louis.

Troupes de Ligne

Régimens d'Infanterie, Cavalerie, hussards, Chevaux legers, Dragons et Chasseurs à Cheval.

Sa Majesté voudra bien accorder la Croix de Saint Louis.

Mestres de Camp — A tout Mestre de Camp, qui aura servi sans aucune interruption pendant dix huit années Consécutives.

Lieut.ᵗˢ Colonels — A tout Lieutenant Colonel, qui aura servi sans aucune interruption pendant Vingt années Consécutives.

Majors — A tout Major, qui aura servi sans aucune interruption pendant Vingt deux années Consécutives.

Capitaines — A tout Capitaine Commandant, Capitaine En Second, et Capitaine attaché, qui est tenu de faire un Service chaque année, qui aura servi sans aucune interruption pendant Vingt huit années Consécutives.

Lieutenants sous-Lieut.ᵗˢ &c. — A tout Lieutenant, Quartier Maitre, Trésorier, sous Lieutenant, Porte drapeau, Porte Etendard et porte Guidon, qui aura servi sans interruption pendant 28 années Consécutives.

Les Services ne seront Comptés que de l'âge de quinze ans.

Les Services de tout officier tel ne seront Comptés que de l'âge de quinze ans révolus.

Le Service de Sous-officier, de Soldat, de Cavalier ou de Dragon, sera Compté en raison de deux années pour une, et ce Service sera Constaté par un Certificat signé par le Mestre de Camp Commandant, et les autres officiers supérieurs qui lors de la revue et Inspection, se trouveront présents au Régiment dans lequel Servira l'officier proposé pour cette grâce.

Campagnes de Guerre sur terre.

Une Campagne de guerre sera Comptée pour deux années de paix.

Sa Majesté donne à cette disposition un Effet Rétroactif, de manière que tout officier, quelque grade qu'il ait puisse jouir de l'avantage de Compter Six Services de guerre, Sous la Condition qu'ils seront attestés par tous les Capitaines du Régiment dans lequel il aura fait la guerre, et que Cette attestation sera jointe au Mémoire Contenant la demande de la Croix de St. Louis.

Le Service de guerre ne sera Cependant Compté Sur terre, que lorsque des armées rassemblées Seront Campées ou Cantonnées à proximité de l'Ennemi, Sauf que les Camps ou Cantonnements formés pour la Sûreté des Côtes ou des frontières, puissent être réputés Service de guerre, au moins que les Camps ou Cantonnements aurayent été attaqués par l'Ennemi.

Campagnes de Guerre sur Mer.

Le Service de Mer sera aussy Compté Comme Service de guerre, du jour où le Vaisseau Sur lequel sera Embarqué L'officier sera Sorty de la Rade Jusqu'à Mer.

Service dans les Colonies	Le Service des Colonies, en paix ou la guerre, sera toujours Compté Comme Service de guerre.
Actions de Bravoure	Les officiers, qui par des actions de Bravoure Se Seront distingués dans des occasions périlleuses et éclatantes, Seront Exempts de toute Règle, et la Croix de St Louis leur sera accordée, quelque soit leur âge, et quelque tems de Service qu'ils ayent, après qu'ils auront rempli les formes ci-après expliquées.
Procès Verbal d'action De Bravoure	L'action de Bravoure doit être Constatée par un Procès Verbal dressé, aussitôt que faire se pourra, dans le jour même, par les officiers généraux qui seront présens, et en leur absence, par les officiers Supérieurs des Corps qui en auront été témoins, ou par ceux du Vaisseau sur lequel sera l'officier, s'il est embarqué, et lorsqu'il n'y aura point d'officier Supérieur, par les officiers qui se trouveront présens à l'action, ou par les notables de tous États et Conditions, lesquels Certifieront l'action par un acte dans la meilleure forme et la plus authentique que les tems et les lieux le comporteront.
	Ce procès Verbal, tel qu'il a été prescrit Sera remis par l'État Major du Régiment au Général de l'armée, ou à tout autre Commandant en chef, qui l'adressera au Secrétaire d'État de la guerre, pour être présenté à Sa Majesté, à l'Effet d'accorder ou de Refuser la Croix, suivant les Circonstances.
Officiers rentrés au Service après avoir quitté	Si un officier, ayant quitté un emploi dans un Corps par retraite ou abandonnement, se trouve être rentré dans un Régiment, ses services ne lui Seront Comptés pour la Croix, que du jour qu'il y sera rentré, et ses services précédens Seront

<table>
<tr><td>

Promesse et Expectative supprimée

</td><td>

seront regardés comme non avenus, si la d[it]e fois il y a plus d'un an et un jour d'interruption.

Sa Majesté ne donnera à l'avenir ni promesse, ni expectative de la Croix de S[t] Louis aux officiers en activité de service, non plus qu'à ceux qui se retireront.

</td></tr>
<tr><td>

Officiers réformés non remplacés

</td><td>

Les ex-officiers réformés de régiment qui ne sont pas rentrés en activité de service, ou n'y rentreront pas dans l'espace de dix ans du jour de leur réforme, ne pourront prétendre à la Croix de St Louis.

</td></tr>
<tr><td>

Catholicité

</td><td>

Aucun officier ne pourra être nommé à une place de Chevalier dans le d[it] Ordre, s'il ne fait profession de la Religion Catholique apostolique et Romaine.

</td></tr>
<tr><td>

Institution du Mérite Militaire

</td><td>

Toutes ces dispositions seront suivies pour les places de Chevaliers dans l'Institution du Mérite Militaire, à accorder aux officiers qui servent dans les Régiments Étrangers, et en faveur desquels cette institution a été créée.

</td></tr>
</table>

Troupes Provinciales

Régimens de Grenadiers Royaux. Régimens Provinciaux et Bataillons de Garnison.

Sa Majesté voudra bien accorder La Croix de St Louis.

Mestre de Camp.	Aux Mestres de Camp, qui auront servi sans aucune interruption pendant dix huit années Consécutives.
Lieut. Colonels et Commandants de Bataillons.	Aux Lieutenants Colonels, et aux Commandants des Bataillons de garnison, qui en ont le rang, qui auront servi sans aucune interruption pendant vingt années Consécutives.
Majors.	Aux Majors qui auront servi sans interruption pendant vingt deux années Consécutives.
Capitaines Lieutenants &c.	Aux Capitaines, Lieutenants, Quartier-Maîtres Trésoriers, Sous Lieutenants et Porte-drapeaux qui auront servi sans aucune interruption pendant trente années Consécutives, dont au moins une Campagne de guerre; et s'ils n'avoient fait aucune Campagne de Guerre, ils ne seront susceptibles de la Croix de St Louis, qu'après quarante ans de service Révolus.
Les services ne seront Comptés qu'à l'âge de quinze ans.	Les Services de tout officier ne luy seront Comptés que de l'âge de quinze ans Révolus.
Service des Bas officiers et Soldat.	Le Service des Bas officiers et de Soldat sera Compté en raison de deux années pour une, et ce Service sera constaté par un Certificat de...

officiers Supérieurs du Corps, on
servira celuy qui sera proposé pour
cette grâce.

Nota. Les dispositions Relatives aux
Campagnes de guerre sur Terre, aux Campagnes
de Guerre sur Mer, au Service dans les Colonies,
aux actions de Bravoure, au Procès Verbal de
Ces actions.

Aux officiers Neutres au Service, après
avoir quitté, aux promesse L'Expectative
Supprimées, aux officiers Réformés et Non
Remplacés et à la Catholicité.

Seront applicables aux officiers des Troupes
Provinciales.

Signé Ségur.